005

20系ブルートレインにはやはりEF58が一番似合った。初期の「さくら」と東北路「はくつる」で復活したEF58。上は「ゆうづる」のEF80。前頁はEF58の後継、EF65500番代。

夢とばかり思っていたC62牽引のブルートレインが突如復活した。常磐線を行く「ゆうづる」は多くの鉄道好きを誘った。オレンジ色のヘッドマークがよく似合う。

■ 最後のブルートレイン

　ブルートレイン、夜行列車そのものが消え去ろうとした時期に、急にブルートレインに乗る機会ができた。

　そんな終末期のブルートレイン、長崎から札幌まで3列車を乗り継いだり、二列車併結のブルートレインなど、大きく様変わりした寝台特急を経験した。

　写真の撮り方も大きく変わり、多くの人がブルートレインを惜しんで集結した。そんな末期の姿を記録に残しておきたい。

最終前夜の「あかつき」に乗った。右ページは京都に急ぐ「なは・あかつき」。下はEF651100の牽く「銀河」。右は最終期の牽引機、EF66、EF81、ED76の各機。

■「カシオペア」

左の写真は上野駅にあったモックアップ。牽引機は上から EF8179、ED7910、DD511141+1140 の重連。北海道はまだ雪が残っていた。

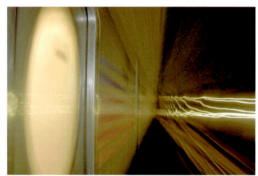

特集 1
ブルートレイン 20系最初の6年

● **鉄道近代化の初陣**

　ブルートレインは、思い返してみれば「こだま」よりもむかしに誕生している。1958年10月のダイヤ改正で東京〜博多間にデビュウした。まさしく鉄道も大きく近代化をしている、その一環として華々しく登場したのであった。

　小生を含め、多くがその登場シーンを知っているわけではないのだが、想像するだに「画期的」ということばが相応しい状況が眼に浮かぶ。だって、東海道本線の電化は完成していたとはいえ、まだ本線筋にも多くの蒸気機関車が活躍していたし、客車はぶどう色、つまり窓の開く茶色い見た目も重々しいもの、と決まっていた。

　そこに軽量客車がアルミサッシも目新しく現われたと思ったら、それをさらに推し進めた20系「ブルートレイン」である。もちろん憧れの存在にはちがいないが、その全貌を理解するにはけっこうな時間を要した。

　これはのちのちの考察だが、だいたいが客車列車の長所のひとつは、自由に編成できるということだ。必要に応じて増結もできるし、用途によって組替え、途中で分割併合することも簡単にできる。そう、特急「つばめ」でさえ団体用にマイ38が増結されたりした。

　それに対して「固定編成客車」というのがブルートレインの形容にもなった。

　それだけではない。冷房が効く代わりに窓も開かない。その空調その他の電気を賄うために電源車を連結する。個室寝台を含め優等客車を連ね「動くホテル」を標榜した。夜に東京を発ち、快適な一夜を過ごした翌朝は九州… それまでも夜行急行列車が走ってはいたが、ブルートレインとして装いを新たに登場した特急寝台列車は新鮮で、これまでにない新たな鉄道旅を提案したのだった。

　その人気は、折りからの高度成長期の機運とも相乗し大ヒット、次々に後続を誕生させていく。「あさかぜ」にはじまり「さくら」「はやぶさ」「みずほ」「富士」というブルートレイン群は、とてもシンボリックな憧れの存在にもなった。

　新幹線開業に沸く1964年10月、「こだま」「つばめ」をはじめとして、東海道本線の151系特急電車がことごとく姿を消してしまったなか、16時35分「さくら」、18時20分「みずほ」、18時30分「あさかぜ」、19時00分「はやぶさ」、19時05分「富士」… と次々に東京駅を発車していくブルートレインは、華やかないちシーンを提供してくれた。

　いまや、ブルートレインはおろか寝台列車、夜行列車はまったくといっていいほど姿を消してしまった。まさしく佳き時代、大好きな20系ブルートレインを記録に残しておきたい。

夜行特急のはじまり
■ 特急「あさかぜ」のこと

　特急「あさかぜ」の誕生は1956年11月、そもそもはその年の11月19日の東海道本線東京〜大阪間電化完成をアピールする新特急として新設された。すでになん本もの夜行急行列車が東京〜九州間で運転されていたが、それらが20時間近く掛かっていた東京〜博多間を17時間25分で結んでみせた。

　わが国の鉄道史を辿るようなものだが、戦後「へいわ」→「つばめ」、「はと」、「かもめ」につづき、「あさかぜ」は5番目の特急列車として誕生した。「つばめ」「はと」が淡緑色に塗られたのもこのときで、初めて特別な列車、という印象を受けたものだ。だから、最初の「あさかぜ」がぶどう色のいわゆる旧型客車を集めての編成であることに、誰も違和感を持ったりはしなかった。東京〜博多間1176kmはもちろん最長距離を走る特急列車となった。

　「夜行特急」のはじまり、と書いたけれど、そのむかしの長距離列車は寝台車を連結した列車が多かった。というのも、それこそ東京〜下関間が20時間だったのだから、必然的に寝台車や食堂車は不可欠であったのだ。

　とはいえ、それはごくごく限られた一部の特別階級ののりもの、であった。自然と戦後間もなくの「進駐軍用特別列車」が思い起こされたりする、その流れを汲む印象がある。

　それが高度成長期の前触れというような時期である。もはや戦後ではないという「経済白書」のことばに促されるかのように、人びとの動きは活発化。東京〜博多間を17時間25分で結ぶ「あさかぜ」は、大きなヒットとなって、夏期の季節列車として「さちかぜ」まで誕生させることになる。それが20系開発の気運に繋がったのである。

　最初の「あさかぜ」編成は当時の客車特急「つばめ」「はと」にならって、優等車を後方に連結した。先頭の「ハニ」はオハニ36の完成が間に合わず、旧型のスハニ32が代用されていた。

　二等寝台車は当初2輌。その当時、二等寝台（1960年7月からは一等寝台）には、その設備によって三段階のグレードがあり、それぞれ「Aロネ」「Bロネ」「Cロネ」などと呼ばれていた。「Aロネ」は個室、「Bロネ」は二段の開放室、「Cロネ」も二段寝台だったが、寝台は線路と平行

に昼間の座席はロングシートのような配列だった。「Cロネ」以外は冷房設備がだんだん標準化しつつあった。20系ブルートレインもこのうちの「Aロネ」「Bロネ」を連結することになる。

「あさかぜ」誕生時　1956.11〜

「あさかぜ」
東京発
7レ、8レ

スハニ32	ナハネ10	ナハネ10	ナハ10	ナハフ10	マシ35	スロ54	マロネ40	マロネフ29

「あさかぜ」　1957.03〜

「あさかぜ」
東京発
7レ、8レ

オハニ36	マロネ40	マロネフ29	スロ54	マシ35	ナハネ10	ナハネ10	ナハ10	ナハフ10	ナハネ10	ナハフ10

東京〜広島間

「あさかぜ」　1957.10〜

「あさかぜ」
東京発
7レ、8レ

オハニ36	マロネ40	マロネ40	マロネフ29	ナロ10	オシ17	ナハネ11	ナハネ11	ナハ10	ナハフ10

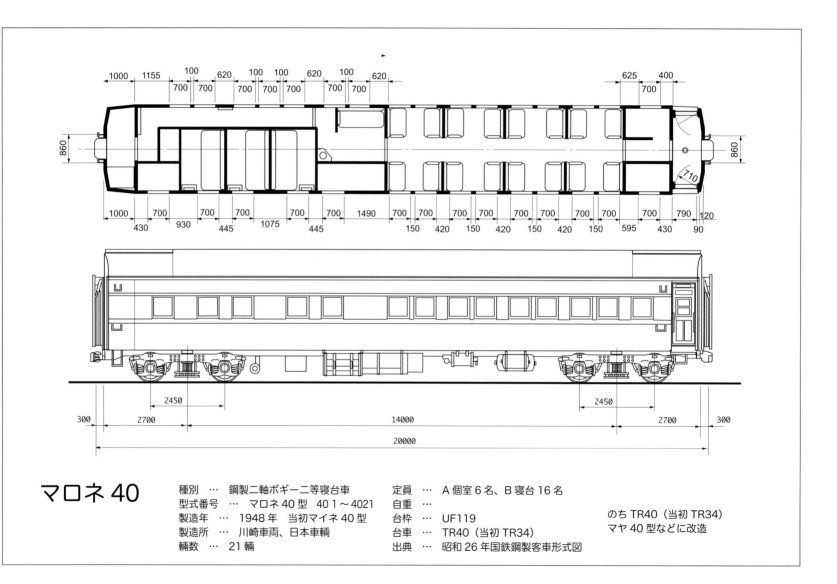

マロネ40

種別 … 鋼製二軸ボギー二等寝台車
型式番号 … マロネ40型 401〜4021
製造年 … 1948年 当初マイネ40型
製造所 … 川崎車輌、日本車輌
輛数 … 21輛

定員 … A個室6名、B寝台16名
自重 …
台枠 … UF119
台車 … TR40（当初TR34）
出典 … 昭和26年国鉄鋼製客車形式図

のちTR40（当初TR34）
マヤ40型などに改造

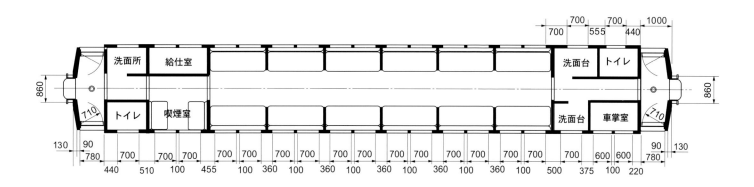

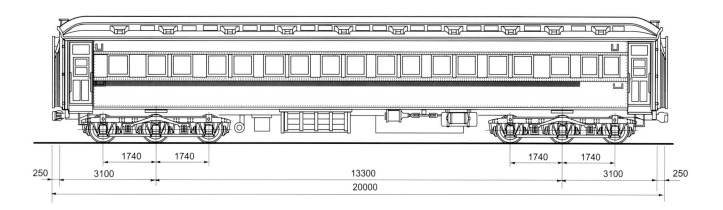

マロネフ29

種別	鋼製三軸ボギー二等寝台車	定員	C寝台 24名
型式番号	マロネフ29型 2911～2913	自重	42.17 噸
製造年	1932年 マロネフ37 →	台枠	UF45
製造所	川崎車両、日本車輌	台車	TR73
輛数	3輛	出典	昭和26年国鉄鋼製客車形式図

初期の「あさかぜ」に連結されていた寝台車、マロネ40はマイネ40として誕生した個室半分、開放室半分の「ABロネ」。ブルートレインでいうとナロネ22に相当する。「Aロネ」にあたる二人個室3室=6名、「Bロネ」16名、定員22名という優等客車だった。のちの「あさかぜ」はマロネ40が2輌に増えている。

もう1輌の二等寝台車はマロネフ29型で、定員24名の「Cロネ」だったから、すべてのグレードの二等寝台が連結されていたことになる。マロネフ29という型式には、その前身から丸屋根、Wルーフなどいろいろなタイプがある。つまり、マロネフ37型が1953年の称号改正でマロネフ29型になったものだが、さらにその前を辿ると3タイプ。オハ31系に属する0番代、スハ32系前期型の10番代、同後期型の100番代に分かれる。

具体的に書いておくと、マロネフ291～4（0番代）、マロネフ2911～13（10番代）、マロネフ29101、102（100番代）の計9輌があった。前二者がWルーフである。昔むかしの話だが、こうした番号の変遷や辿っていくのはひとつの趣味になっていた。

旧い編成記録を見ていたら、「あさかぜ」編成中のマロネフ29がWルーフ時代のマロネフ2913という資料があった。写真も出てきた。選りもよって特急列車に旧式なWルーフとは。まあ、特急「つばめ」に銀色のWルーフも眩しいようなマイテ39が組込まれていたりしたのだから、驚くに値しないことかもしれないが、客車好きとしてはその姿を想像して微笑んでしまうようなこと、である。

上は「ABロネ」と呼ばれちたマロネ40。6名分の個室と16名分の開放室寝台を備える。中はマロネフ29で右がその室内。線路と平行に寝台が並ぶ。まだ冷房装置は装備されていない。マロネフ29にはWルーフの車輌も残っていて、「あさかぜ」に使われたこともある。

これぞ旧型客車、ブルートレインの編成美とは対極にあるものではあるまいか。さらに書き添えておくと、このマロネフ2913は1963年には廃車になっている車輌だから、最後の花道だったのかもしれない。

　寝台車以外の客車は当初はスロ54、マシ35という長く急行列車などで使われてきた二等車、食堂車に加え、できたばかりの軽量三等寝台車、三等車を連結していた。当時、最新の車輌として登場したばかりのナハ10系にはじまる「軽量客車」は、文字通り重量感が失せてライトで明るい雰囲気。それまでの客車の持つイメージを一新した。窓上下のシル、ヘッダーがなく、アルミサッシの窓枠という出立ちは、ひとつ時代がちがうことを主張していた。
　車輌の完成に伴って、1957年10月の改正時からは、ナロ10、オシ17という軽量客車が「あさかぜ」に組込まれた。旧型二等寝台車の存在感が一段と強く印象づけられたにちがいない。思えば佳き時代の列車なのであった。

　20系客車はその「軽量客車」をさらに推し進め、まったく新しい構想の客車列車として計画された。夜行特急に相応しい「青15号」に「クリーム色1号」の帯をまとい、文字通りの「ブルートレイン」としてデビュウした。
　1880年代に登場した「パリ〜地中海特急」の愛称「ラ・トラン・ブリュ（La Train Bleu）」、1940年代の南アフリカの「ブルートレイン」を意識したか否か、ブルー塗装も鮮やかな日本版「ブルートレイン」の登場である。

　フランスの「ラ・トラン・ブリュ」は、都会からコート・ダジュール目指して走る「パリ〜地中海特急」の愛称となっていた。それはヴァケイションを避暑地で過ごすために地中海方面に向かう上流階級の使う列車。そんなことから豪華な憧れの列車として認識されていたものだ。
　しかし、ここでいう「青」は紺碧海岸、すなわちコート・ダジュールのを指し、列車の色のことではなかった。
　それからいえば、1940年代に南アフリカで新たに「ブルートレイン」と名付けられた豪華列車は、ブルー塗色の装いも美しい、その名の通りの列車。わが「ブルートレイン」もその出立ち通りの新時代の列車なのであった。

20系客車の登場

■ ブルートレイン「あさかぜ」

　20系客車は1958年の8月から9月に掛けて、8型式37輌が次々と完成した。内訳はナロネ20、ナロ20、ナハ20、ナハフ20、ナシ20、マニ20各3輌にナロネ21が6輌、ナハネ20が13輌。もちろんすべてが新型式、通風器もなにもない深い屋根、Hゴムで固定された四隅にRのある窓、折り戸式の客室ドアなど、興味を魅く特徴だらけの車体。なによりも、深いブルー（青15号、インクブルー）に白帯（クリーム色1号）3本という出立ちは、汽車好きの少年を魅了するに充分な新鮮かつ魅力的なものであった。

　まだ特急電車などが登場するより前のことである。「黄金時代」の皮切り役、最初のスターである。せいぜい80系湘南電車や70系横須賀線があるだけで、先に淡緑色に塗られた特急「つばめ」「はと」のほかは、鉄道車輌は焦げ茶色というイメージのなかに颯爽と現われたのだから、注目と人気の高まりは想像にあまりある、というものだ。

　走りはじめた20系「あさかぜ」は、東京～博多間を17時間10分で結び、東京～姫路間をEF58、姫路～下関間をC62、関門トンネル区間をEF10、九州内はC59が牽いた。

・ナロネ20：個室「Aロネ」1人用個室10室＋2人用個室4室、定員18名の一等寝台車。日本車輌製造のナロネ20 1、2と日立製作所製造のナロネ2051で内装等が少し

異なる。結局 3 輌だけがつくられたシンボリックな存在。
・ナロネ 21：開放室「B ロネ」28 名分を備える一等寝台車。上下二段の寝台で、上段には小窓が設けられる。編成に 2 輌連結されることから 6 輌製造。ナロネ 21 1 ～ 3、ナロネ 2051 ～ 53 で日車、日立でつくられた。
・ナロ 20：定員 48 名の一等座席車。ナロ 20 1、ナロ 2051、52 の 3 輌が日車、日立でつくられた。
・ナシ 20：40 名分のテーブルを備える食堂車。まだ電子レンジではなく電気レンジの時代。日車、日立製のナシ 20 1、2、ナシ 2051 の 3 輌。
・ナハネ 20：中核を占める二等寝台車。三段式の寝台、54 名分を備える。空調設備があることから、寝台側の窓が軽量客車のナハネとは異なる。当初はナハネ 20 1 ～ 7、ナハネ 2051 ～ 56 の計 13 輌が日車、日立でつくられた。
・ナハ 20：小窓がズラリと並ぶ 64 名分の座席を備えた二等車。売店が設けられ、その搬入のための扉がある。ナハ 20 1、2、ナハ 2051 の 3 輌。
ナハフ 20：編成の一端に連結される車掌室付二等車。68 名分のシートが備わる。端面の半室が車掌室で、半流線型の端面ながら、窓は平面ガラス。ナハフ 20 1、2、ナハフ 2051 の 3 輌がつくられた。
マニ 20：空調をはじめとする編成全体の電気を賄うためにディーゼル発電機 2 基を搭載した荷物車。下り側の端面に連結されるが、顔付きはナハフとは異なり、三枚窓で全室が車掌室となる。車体長はひと回り短く 17m 級。マニ 20 1、マニ 2051、52 の 3 輌。

1958.10

「あさかぜ」20 系化時　1958.10～

| 「あさかぜ」東京発 7レ、8レ | マニ 20 | ナロネ 20 | ナロネ 21 | ナロネ 21 | ナロ 20 | ナシ 20 | ナハネ 20 | ナハネ 20 | ナハネ 20 | ナハネ 20 | ナハネ 20 | ナハ 20 | ナハフ 20 |

1959.07

20系客車の第二弾
■ ブルートレイン「さくら」

「あさかぜ」はたちまち大きな人気を得た。それはブルートレイン化するより前から、であった。特に夏期のシーズン、1957年の7、8月には臨時特急「さちかぜ」が運転され、その年の10月ダイヤ改正で、東京〜長崎間の寝台特急として定期化される。

それは「あさかぜ」と紛らわしいとして、走りはじめて1年後の1958年10月には「平和」に改称、さらにその8ヶ月後にはふたたび愛称変更、「平和」は1年と経たず消滅するのだ。のちのちに整理してみるといささか迷走していたかのようにみえたりするのだが、それが20系客車の増備完成を待って、1959年7月にデビュウした二番目のブルートレイン「さくら」、というわけだ。

「さくら」は「あさかぜ」とは異なる特徴をいくつか持っていた。長崎特急ということで、途中、博多で6輌を切離すことから切り妻の車掌室付二等車、ナハフ21がつくられたほか、新型式も追加されている。

それを含め、1959年6月までに34輌が新造、「さくら」用に準備された。ナハネ20が14輌のほか、ナロネ21、ナハフ20が各2輌、ナロ20、ナシ20、が各3輌、それに新型式ナロネ22、カニ21それぞれ3輌、ナハフ21が4輌という内訳である。先の「あさかぜ」分と併せてみると、これがじつによくできた輌数配分だと解る。左はヘッドマークなしでやって来たEF58時代の「さくら」。

新型式について書き留めておこう。
・ナロネ22：書けば「ABロネ」ということになる、個室と開放室の合造一等寝台車。一人個室が6室に開放寝台が16人分備わる。ナロネ22 1、ナロネ2251、52の3輛が日車と日立でつくられた。
・ナハフ21：博多で付属編成切離し後、長崎まで最後尾を務める切妻の車掌室付二等車。貫通扉の左右に「さくら」「SAKURA」のサインが入る。そちらの端面は白帯が妻面にも巻かれている。ナハ20同様の売店付。ナハフ21 1、2、ナハフ2151、52の4輛。
・カニ21：マニ20に代わる電源装置搭載荷物車。新聞輸送等に配慮して荷物室積載量を3tから5tに増やし、車輛全長も延長して「カニ」になった。カニ21 1、カニ2151、52の3輛がつくられた。

　これらを加えて、「さくら」は右のような編成になり、それに伴い、「あさかぜ」もナロネが1輛増強されてナハネが減車された。
　「さくら」は東京〜長崎間20時間10分で走りはじめたが、1年後の1960年6月ダイヤ改正では、スピードアップが実現され、20時間を割って19時間50分運転になった。博多で6輛の切離しが行なわれたが、九州内は通してC60が受持った。

「さくら」20系化時　1959.07〜

| 「さくら」東京発 5レ、6レ | カニ21 | ナロネ22 | ナロ20 | ナシ20 | ナハネ20 | ナハネ20 | ナハフ21 | ナハネ20 | ナハネ20 | ナハネ20 | ナハネ20 | ナハフ20 |

　　　　　　　　　　　　　　　　　　　　　　　　　　　　　　　東京〜博多間

| 「あさかぜ」東京発 7レ、8レ | マニ20 | ナロネ20 | ナロネ21 | ナロネ21 | ナロ20 | ナシ20 | ナハネ20 | ナハネ20 | ナハネ20 | ナハ20 | ナハフ20 |

1960.07

20系客車の第三弾
■ ブルートレイン「はやぶさ」

　博多、長崎の次は西鹿児島行の「はやぶさ」の登場である。毎年の恒例のように1960年7月にブルートレイン化されたものだ。

　「はやぶさ」自体は、1958年10月、つまり「あさかぜ」がブルートレインになったのを受けて、使用されていた旧型客車をそのまま使って、東京〜鹿児島間特急として誕生していた。いうなれば、「20系待ち」の準備段階みたいなものだろうか。1年半あまりの予備軍時代を経て、ようやくブルートレインに生まれ変わった、というわけだ。

　6輌を博多で切り落とすことから、「さくら」でデビュウしたナハフ21を組込んだ8＋6輌の14輌編成であった。「さくら」も1輌を増結して同じ編成になった。

　「はやぶさ」用に新製された20系は、ナハネ20型20輌を中心に39輌。いつの間にか優に100輌を超える大所帯になっていた。そしてここでまた新型式、カニ22が登場してきた。

・カニ22：パンタグラフ2艇を備えた勇ましいスタイリングの電源装置搭載荷物車。2基の発電用ディーゼルエンジンとは別に、同容量の電動発電機を搭載し、延長された直流電化区間では架線からの電気で発電する。電動発電機分だけ荷物室は狭くなり荷重は2t。日車製、日立製各2輌、カニ22 1、2、カニ2251、52だが、このうちカニ2251の電動発電機は準備として、パンタグラフなしで登場した。

「はやぶさ」が加わって、またそれぞれの編成が変化している。

「はやぶさ」20系化時　1960.07〜

「はやぶさ」
東京発
9レ、10レ

カニ21	ナロネ22	ナロ20	ナシ20	ナハネ20	ナハネ20	ナハフ21	ナハネ20	ナハネ20	ナハネ20	ナハネ20	ナハフ20

└ カニ22の場合あり　　　　　　　　　　　　　　東京〜博多間

「さくら」
東京発
5レ、6レ

カニ22	ナロネ22	ナロ20	ナシ20	ナハネ20	ナハネ20	ナハフ21	ナハネ20	ナハネ20	ナハネ20	ナハネ20	ナハフ20

└ カニ21の場合あり　　　　　　　　　　　　　　東京〜博多間

「あさかぜ」
東京発
7レ、8レ
1961.10〜3レ、4レ

マニ20	ナロネ20	ナロネ21	ナロネ21	ナロネ21	ナロ20	ナシ20	ナハネ20	ナハネ20	ナハネ20	ナハ20	ナハフ20

1963.06

20系客車の第四弾
■ ブルートレイン「みずほ」

　例によって旧型客車による運用をしながら、20系客車の完成を待ってブルートレイン化するという手法で誕生した四番目の九州行ブルートレインは「みずほ」である。1963年4月から5月に掛けて落成した32輛を使って、1963年6月に熊本行20系「みずほ」は誕生した。

　新製車の内訳はナロネ21が3輛、ナロネ22が2輛、ナシ20が2輛、ナハフ20が2輛、ナハフ21が3輛、カニ22が2輛、それにナハネ20が18輛。ナロ20はつくられなかった。

　「みずほ」の最大の特徴は小倉で分離して、14輛編成のうち8輛は熊本へ、6輛は大分へ、と分割運転されること。付属編成が向かう日豊本線側には新たに電源車として、オハシ30型を改造したマヤ20型がつくられ、大分側に連結されて運用した。

・マヤ20：オハシ30型オハシ30 5と2005を改造して国鉄小倉工場でつくられた。この2輛も、もとをただせばスハ32型から改造されたもので、当時の外観を多く残している。マヤ20 1、2の2輛が1963年6月に完成。編成輛数が少ないこともあって、カニ21等に搭載されているエンジンなどよりは小型で、一般ディーゼルカー用のDMH17系エンジンが搭載されている。

　のちに増備され、最終的には6輛が揃えられた。

「みずほ」誕生時 1961.10〜

「みずほ」東京発 7レ、8レ	スハフ 43	オロネ 10	スロ 54	オシ 17	ナハネ 11	ナハネ 11	スハフ 43	オハネ 17	オハネ 17	オハネ 17	オハネ 17	オハネ 17	スハフ 43

〜1961.10：1003レ、1004レ

東京〜博多間

「みずほ」20系化時 1963.06〜

「みずほ」東京発 7レ、8レ	カニ 22	ナロネ 22	ナシ 20	ナハネ 20	ナハネ 20	ナハネ 20	ナハネ 20	ナハフ 21	ナロネ 21	ナハネ 20	ナハネ 20	ナハネ 20	ナハネ 20	ナハフ 20

東京〜熊本間

東京〜大分間
門司〜大分間 マヤ20連結

1964.10

20系客車の第五弾
■ ブルートレイン「富士」

　東海道新幹線が走りはじめた1964年10月、五番目のブルートレインがデビュウする。その名も「富士」。歴史的にも由緒ある愛称が復活したわけである。

　「富士」は下関切離しを含め、東京〜大分間で設定された。これにより、熊本、大分行であった「みずほ」は博多切離しを含んだ熊本行となり、前年つくられたマヤ20型は一旦運用がなくなったのだった。

　もう一度おさらいしておくと、これで5本が勢揃いしたブルートレインは、東京を発って「あさかぜ」は博多、「さくら」は長崎、「はやぶさ」は西鹿児島、「みずほ」は熊本、「富士」が大分とそれぞれを目指すことになった。

　昔むかしから宮崎というところは鉄道に関して未開、というかいつも後回しになっていた感がある。宮崎線として開通した線路はのちの吉都線で、日豊本線が全通するのは昭和になってからのことだった。同じように、ことブルートレインに関してもなかなか宮崎にやっては来なかった。

　「富士」が走りはじめてから1年後の1965年10月、西鹿児島まで運転区間を延長。もちろん宮崎もちゃんと経由して、である。そして、日豊本線経由、東京〜西鹿児島間1574.2km、25時間（24時間55分）は運転距離、運転時間ともブルートレイン史上わが国最長を記録したのであった。同じ区間を走る急行「高千穂」は距離でタイ、運転時間では余計掛かるということになったのだが。

これで九州向けには5本のブルートレインが揃ったことになり、それぞれの個性を持ったロング・トゥアラーが並ぶ。特に「あさかぜ」はナロネ22の組込みなど優等列車、看板列車としての風格も備わってきた印象がある。

それでいながら人気は衰えることなく、20系客車は1970年代のはじめまで増産がつづけられた。日本全体が大きく躍進する上昇期にあった、振り返ってみるとブルートレインはそのひとつの象徴ともいうような存在になっていたのである。1964年には従来の座席車組込みの編成から、オール寝台列車へのシフトを念頭にして新たな型式も加わっている。

・ナハネフ22：車掌室付寝台車。ナハフ20にナハネ20を組合わせたような形状で、1964年5月にまず5輌が日本車輌でつくられた。同じようではあるが、車掌室側端面の窓が、カーヴド・グラスになっているのが大きな特徴。のちのち増備されナハネフ22 1〜26の26輌が揃う。
・ナハネフ23：同様に、ナハフ21の寝台車版。1964年5月の日車製4輌にはじまり、全部で20輌がつくられた。

また、その方針に沿って改造も行なわれ、ナハフ21→ナハネフ21、ナハネ20→ナハネフ20が登場するが、うち9輌は窓配置が座席車時代のままで、異彩を放っていた。

「富士」20系化時　1964.10〜

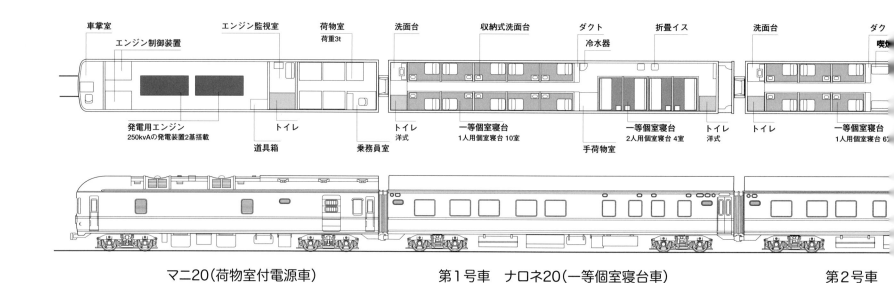

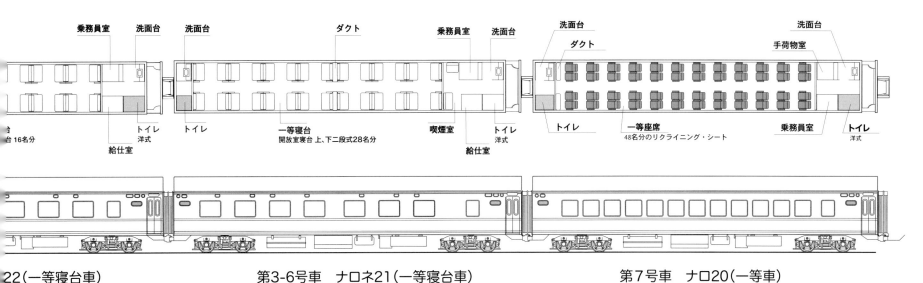

第3-6号車　ナロネ21（一等寝台車）　　　第7号車　ナロ20（一等車）

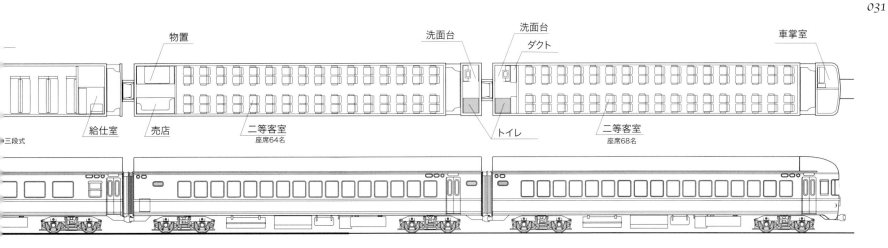

第13号車　ナハ20（二等車）　　　第14号車　ナハフ20（車掌室付二等車）

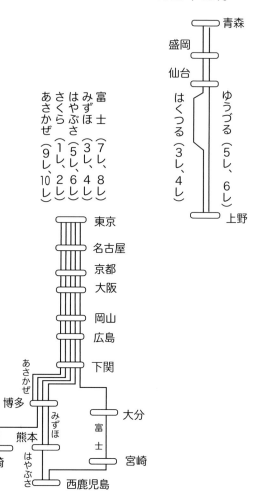

20系客車のひろがり
■ ブルートレイン「はくつる」「ゆうづる」

「富士」が登場した1964年10月、ブルートレインはもうひとつの動きを見せていた。新製車と品川区からの移動で62輌の20系が新たに尾久区に配属され、それを使って上野〜青森間にブルートレイン「はくつる」が走りはじめたのである。

同時期に新製された「ナハネフ」は九州特急に譲り、座席車を連結した11輌編成。上野〜黒磯間がEF58、黒磯〜仙台間がED71、仙台以北をC61が一部区間C60の補機を伴いながら牽引するという、九州方面以外では初めてのブルートレインであった。

まだ青函連絡船のお世話にならなくてはいけなかったが、早朝の青森に着き、津軽海峡を越えるとディーゼル特急「おおとり」が待っている、というダイヤで上野〜札幌間22時間を実現した。

鉄道好きにはなにをさておいてもEF58がふたたびブルートレインの牽引機に就く、ということが大きな話題になった。蒸気機関車運転区間が夜であったこともあり、上野口でEF58を待つ楽しみができた。東海道時代のようにブルートレインに合わせた特別塗装ではなかったけれど、11輌編成を牽引して快走する姿は夢がふたたび甦ったがごとく、であった。それがである、翌1965年10月には、常磐線経由で「ゆうづる」が増発され、もうひとつ大きな夢が現実のものになるのである。

趣味的にはいろいろな恩恵をもたらしてくれた。いうまでもない、C62特急の復活、である。常磐線、平～仙台間を平機関区所属のC62型が受け持つことになったのだ。

「はくつる」の誕生でEF58が先頭に就くブルートレインの姿をふたたび見ることができた、すごいすごいと思っていたら、なんとC62まで…

嬉しいことに「あの夕陽の中の鶴のヘッドマーク、C62に似合うことを考えてつくった」などということばを「ゆうづる」ヘッドマークを制作された黒岩保美さんから直接聞かせていただいた日には、まさしく鉄道好き、蒸気機関車好きへの大きな贈り物、としか思えなくなっていた。

なんとしてでもその姿をこの目で見ておきたい、写真に残しておきたい。とはいえ、C62の受持ち区間である平～仙台間は夜行区間。辛うじて上り「ゆうづる」の平到着早朝6時12分が写真撮影の唯一の機会、といえた。したがって、平寄りのポイントで6レをを捉えるしかない。

どこで夜が明けるのだろう。相手は特急列車だから、シャッター速度は遅くはできない。コダック社の「トライX」というASA（いまでいうISO）400の高感度フィルムがあったが、それとてこんにちのディジタル感度とは較べものにならない。

夜行日帰りで平詣でを繰返し、富岡～四ツ倉間で捉えた右の写真、「トライX」の粒子での限界、というような写真だが、想像を遥かに超える速度で駆け抜けていったC62「ゆうづる」の残像はいまも残っている。夕陽のヘッドマークのなんと美しかったことか…

1963年12月からEF60、1965年10月からEF65へと変化していたEF58がふたたび「はくつる」で戻ってきた。

それにつづく1964年7月の山陽本線全線電化完成を前にして引退していたC62の牽くブルートレイン。

C62とEF58、わが国のいち時代を代表する旅客用機関車がブルートレインの先頭に立っていた時代。われわれが背伸びしてやっとその姿に、ホンの瞬間であったが触れることができた佳き時代であった。

「ゆうづる」で燃え尽きたのかもしれない。「ブルートレインは20系」という思いも、あまりにドラマティックだったこのふたつの機関車との出遇いが、そうした結論に導いている気がする。

なお、同じ1965年10月には、新大阪発の「あかつき」が誕生している。

特集 2
折々に出遇った 20系ブルートレイン

038

朝の六郷川橋りょう

　東京と神奈川を分ける多摩川の下流、東海道線の辺りは六郷川と呼ばれる。その六郷川橋りょうは、好撮影地のひとつであった。振り返れば、なんでもっと通わなかったんだろうと口惜しくなるほど、看板列車を撮るなら密度といい、やって来る列車の豪華さといい、この上なかった。

　ただ自転車で片道1時間という道のりは、出掛けるにもちょっとした覚悟が要った。まだダイヤグラムなどという秘密兵器は持ち合わせていない。時刻表を頼りに自分で時刻をメモしていたりした。

　新幹線開業前の頃、機関車はEF60に変わっていたが、4本のブルートレインだけでなく、151系特急も撮影できた。

　　　4レ「あさかぜ」　09：15
　　　6レ「はやぶさ」　09：50
　　　2レ「さくら」　　10：55
　　　8レ「みずほ」　　11：15

　しばらくのちになると、151系特急はなくなり、ブルートレイン目当てにいくことになった。

　　　10レ「あさかぜ」09：14
　　　8レ「富士」　　　09：40
　　　6レ「はやぶさ」　09：51
　　　4レ「みずほ」　　10：20
　　　2レ「さくら」　　11：23

それでも充分充実した時間であった。

赤い電機に牽かれて…

　ブルーの 20 系に赤い電機、なんとも対照的ではあるけれど、それはそれで絵になる。特に、直流区間で暮しているものにとっては、異国情緒にも似た遠くにやって来たぞ感が伴って、ちょっとした興奮を憶えてしまう。

　ED クラスの交流電機が 15 輌もの長編成には、ちょっと物足りないのではないか、という先入観よりも、じっさいにやって来た ED73 牽引「あさかぜ」の快走振りに、目を見張らされてしまっていた。間なしに ED73 にもブルートレイン牽引用の 1000 番代が登場する、その直前の写真だ。これより前には、旅客用の ED72 が牽いたこともあった。

　こののちの電化の進捗により、九州内では ED74 や ED76 が日豊本線で使用されたりしている。それよりも興味深いのは、東北本線で ED71 が「はくつる」を牽いていたことや北陸本線の EF70 の活躍だ。「ゆうづる」も最初は交直両用の EF80 が牽いていた。

　ほかに ED75、ED78、EF71 などが比較的初期のブルートレイン牽引に就いた。

　右は ED7310 の牽く「あさかぜ」。全長 14m ほどの「D 級」の電気機関車が 15 輌もの 20m 級客車、ブルートレインの先頭に立って走る姿は、ちょっとした圧巻であった。

左上が ED7322「みずほ」、右上は ED74 4「彗星」、右は ED7322「はやぶさ」。

左下は EF701002「日本海」、右下は ED7614「富士」、練習運転で DF50 が次位。

最後の非電化区間…

　蒸気機関車なき後の非電化区間での20系ブルートレイン牽引…

　近年まで北海道などでは「北斗星」などすべての寝台特急の先頭に立っていたことからDD51の名前が挙がるところだろうが、対照的に九州ではDF50の活躍が最後までつづいた。

　旧式に見えるかもしれないが、20系に似合っている、という点では、やはり箱型車体のDF50がいい。シルヴァのモールが20系の白帯と段違いになってしまうのだが、オレンジとブルーの組合せも悪くない。

　日豊本線の名撮影地、ヘッドマークなしで残念だった大淀川で撮影した「富士」をはじめ、いろいろなところで出遇っている。

　それに反して、DD51の20系ブルートレインは出遇った記憶がない。それよりも見てみたかったのはDD50の牽く20系。「日本海」「つるぎ」を米原〜田村間、つまり直流区間と交流区間のつなぎ役で、DD50かDE10が受持った。とても撮影などできない深夜だと思っていたら、上りは撮影可能時間帯だった。もっともそれに気付いたのは、とおに電化され湖西線経由になってしまった時分であった。

　ほかに「出雲」のDD54もあった。そんなものばかりが気になるのは、単にアマノジャクだということなのだろうか。

左は大淀川を渡る DF50「富士」だがヘッドマークがない。上はマヤ 20。

下は「彗星」のヘッドマークを着けて待機する DF50553。右は「彗星」の後姿。

20系につづくもの

■ 1972年3月改正～

それは趣味的にみて、という話なのだが、やはりブルートレインは20系に尽きるという印象が強い。20系を継いで登場してきた車輌はいろいろな点で「改良」（それにはコストダウンも含まれよう）されてはいるのだが、20系の持つ華やかさ、新鮮さ、特別感などには欠けていた。

20系ブルートレインは1970年までつくられ、最終的には16型式473輌の20系客車が送り出された。これとは別にマヤ20型6輌もいちおう20系を名乗っている。ヴァラエティに富んでいるのに、しっかりと統一されていることは、20系の大きな魅力のひとつだ。

・14系客車

20系ブルートレインの後を受けて登場したのは14系客車であった。ややこしいことに14系14型と14系15型とに二分される。14型は1971年に188輌、1977年に14系15型が63輌増備された。早速急行列車や季節増発で試用ののち、1972年3月から「さくら」等で使用開始。

最大の特徴は分散電源方式の採用。だんだん使用範囲が拡大されていくと、分割併合などに便利な分散電源に戻ったようだ。

オロネ14、オシ14、オハネ14、スハネフ14の4型式。スハネフにディーゼルエンジン＋発電装置のセットを搭載、自車を含め5輌分の電源が賄えた。

15型は、14系の後に登場した24系客車に準じたつくりで、分散電源に対応した型式。オハネ15とスハネフ15型、あわせて63輌が登場。

・24系客車

1972年11月6日に発生した「北陸トンネル火災事故」の教訓もあって、1973年からはふたたび集中電源方式の24系客車が20系の後継としてつくられる。

1973年にオロネ24、オシ24、オハネ24、オハネフ24に電源車マヤ24の5型式118輌がつくられた。

翌1974年からは従来の三段式寝台を二段式にした24系25型にチェンジ。以後、それが標準となって、前出14系15型が登場したほか、24型なども同様の改造を受けたりした。

25型は一人用個室寝台14室のオロネ25（12輌）をはじめとして、オハネ25（237輌）、オハネフ25（125輌）、カニ24（41輌）の4型式、合計すると1980年まで415輌となり、こちらが主流となった。

こののちは寝台の個室化など方向性から変化する。もちろんそれぞれは魅力的存在ではあるが、趣味的な興味という点では20系がより際立つ存在になった気がする。やはり「ブルートレイン」は20系に尽きる、という所以である。

20系の終焉

■ ～1980年10月改正

　なにも20系ブルートレインに限ったことではないが、後継の登場とともにしだいに看板列車から外され、増発用になったり、それまでブルートレインには縁のなかった路線に使用されたりした。

　そんななかで、「あさかぜ」はナロネ20型をはじめとした優等客車を連結し、1970年代後半まで20系で走りつづけたのが印象に残っている。

　1976年2月には、「つるぎ」の24系化で余剰となった20系が東京～大阪間の急行「銀河」に使われる。東海道本線の歴史ある列車とはいえ、これが初の定期急行列車への仕業となった。ナロネ21を1輛含む12輛編成。食堂車は組込まれていなかった。

　これを機に、急行列車に使用される例も多くなり、使用状況を考慮して、座席車に改造されたナハ21型や12系客車などとの混結運用も現われた。

　ナシ20が早々1973年に廃車宣告を受けたりしているが、1970年代も後半になると余剰、老朽による目立つようになってくる。前述のようにナロネ21を座席車にしたナハ21などは末期的な状況を表わしている、というものだろう。看板列車の「あさかぜ」も1975年3月から編成が変更になりナロネ20も引退した。

　最後の20系ブルートレイン特急は1980年10月まで運転された「あけぼの」であった。

■ 20系ブルートレイン 特急の記録

愛称	主な運転区間	'60〜'80	備考
あさかぜ	東京 〜 博多	25系化	58.10-78.01、憧れの元祖「動くホテル」、看板列車
さくら	東京 〜 長崎	14系化	59.07-72.03、つづく長崎特急。カニ22とC11が話題
はやぶさ	東京〜熊本〜西鹿児島	24系化	60.07-75.03、長駆西鹿児島まで走破。カニ22登場
みずほ	東京 〜 熊本	14系化	63.06-72.03、ブルートレイン第4弾。当初大分行併結
富士	東京〜宮崎〜西鹿児島	24系化	64.10-75.03、日豊線経由、最長距離走破「ブルトレ」
はくつる	上野〜黒磯〜青森	583系化	64.10-68.10、東北本線経由札幌まで連絡。電車化
ゆうづる	上野〜平〜青森	583系化	65.10-68.10、常磐線経由、最後のC62牽引。電車化
あかつき	新大阪〜西鹿児島	列車廃止	65.10-75.03、新たに新大阪発の「ブルトレ」誕生
あかつき+	新大阪〜西鹿児島	14系化	68.10-72.10、最大3往復運転。熊本行などあり
彗星	新大阪 〜 宮崎	24系化	68.10-74.04、新大阪発の日豊線。のち都城まで延長
日本海	大阪〜酒田〜青森	14系化	68.10-75.03、14系化後、季節列車として20系増発
ゆうづる+	上野〜平〜青森	24/25系化	68.10-76.10、最大4往復のほか不定期、季節列車も
あさかぜ+	東京 〜 博多	14/25系化	68.10-77.10、最大3往復、下関切離し、下関行もあり
あけぼの	上野〜秋田〜青森	24系化	70.10-80.10、奥羽線経由一部秋田切離し。ロネ1輌
瀬戸	東京 〜 宇野	25系化	72.03-77.10、四国への便を考え宇高連絡船に接続
彗星+	新大阪 〜 宮崎	24系化	72.03-73.10、増発されるもわずか1年で24系化
出雲	東京 〜 浜田	24系化	72.03-75.03、山陰線に乗入れ、当初DD54が牽引
つるぎ	大阪 〜 新潟	25系化	72.10-76.02、当初米原、75年からは湖西線経由
あけぼの+	上野 〜 秋田	24系化	73.10-80.10、「あけぼの」ともども最後の20系特急
安芸	新大阪〜呉〜下関	25系化	75.03-77.09、呉線経由でEF58牽引。食堂車なし
北星	上野 〜 盛岡	14系化	75.03-78.10、新聞輸送用のワサフを連結して異彩
北陸	上野〜長岡〜金沢	14系化	75.03-78.10、信越線経由で長岡折返し、EF64牽引

特集2 永瀬先輩の写真とともに

蒸気機関車時代のブルートレイン

C62の牽く…

■ 1964年夏、最後の山陽路

　山陽線を往くブルートレインというと、朝焼けのなかの瀬戸内海沿いのシーンが、ひとつの憧れとして思い浮かぶ。それこそ、雑誌の記事を食い入るように眺めたものだ。

　＜機関車C62の花形としての最後に残されたステージ、山陽線、明けゆく瀬戸の海へ長く長く白煙のヴェイルをなびかせて走る「三本の矢」＞などという、専門誌らしからぬコピイとともに掲載されていた、C62の牽く「はやぶさ」の写真にどれほど思いを馳せたものか。

　しかし、そんなシーンは夢のまた夢、別世界で繰り広げられているに等しいようなものであった。専門誌らしからぬコピイ、などというのはいまだからいえることであって、当時の少年にはただただ「カッコいい」蒸気機関車の牽く特急列車、で充分だった。というより、悲しいかな、カメラを手に入れ線路端に立てるようになった頃には、ブルートレイン牽引はもとより、蒸気機関車の活躍はホンの限られた場所でしか見られなくなっていた。

　だからこそ、というわけでもないのだが永瀬 修先輩の撮ったブルートレインの活躍シーンには、たとえ架線が張られていても、いや、よけいに蒸気機関車末期という感じも加わって、それこそ魅入ってしまうのだ。

　「僕らだってギリギリ間に合ったっていう感じ。山陽本線はもうすでに架線も張られていて、ブルートレイン4本中2本はもうEF60だったんだから。

　電化完成直前の夏休み、友人とふたりで広島まで行った。暑い夏、待ちに待ってやってきたのが電機だったときは、本当にがっかりした。

　もう少し早く来ることができていたらなあ、というのは僕らも同じなんだよ」

　確かにその通りではあるのだが、やはりじっさいの情景を脳裏に刻んでいる、という事実は羨ましい以外のなにものでもない。

● C62のこと

　C62といえば、いうまでもなくわが国最大最速の急客機である。D52型のボイラーを使って戦後間なしに誕生し、全部で49輌がつくられた。「つばめ」「はと」はもとより、ほとんどの特急列車の先頭に立ってきた。

　しかしながら、特急列車が走る、つまりは一番のメインストリートはいち早く近代化されてしまう道理だ。東海道本線の電化とともに、特急列車の任は電気機関車に移行しC62は次第に西に追われていった。いち時は特急「かもめ」だけになっていたところが、「あさかぜ」をはじめとする寝台特急の出現で、ふたたびヘッドマークをかざして走りはじめた。そして、ブルートレインの先頭にも…

　D51よりひと回り以上強力な1500t牽引を目指してつくられたD52。そのボイラーを使ったのがC62だから、D51のボイラー利用のC61とは迫力がちがう。

　C62型蒸気機関車には、極限のものだけに備わる魅力が漂っていて、特別扱いしたくなる。C62が牽くからこそ、ブルートレインもフル編成でようやく太刀打ちできる、といった感じだ。

　地面を揺らすかのような迫力とともにC62の牽く「あさかぜ」がやってきた。さっき下関区で見たトップナンバー、C62 1だ。なんという幸運。のちのち、休車状態で保管されている時になんどか、その後「梅小路蒸気機関車館」で遭遇したが、この生きている姿は想像できなかった。

056

● 山陽本線のC62

最初の「あさかぜ」が走りはじめた時、東海道本線は京都までの電化が完成していた。つまり1956年11月当初は東京〜京都間のEF58からバトンを受継いで、関門トンネル部分を挟んで、京都〜下関間、門司〜博多間をC59が受け持っていた。

最大最速のC62ではなくて、C59だったのは牽引力が足りていたのと、テンダーのサイズからロングランに向いていたから、といわれる。「あさかぜ」の人気で、増結が求められ、同時に「さちかぜ」が定期化されたことなどから、1957年10月以降C62に置き変わった。

その後、1958年4月に姫路電化、1960年10月に倉敷電化、1962年5月に広島電化と電化が完成するたびに蒸気機関車使用区間は減少し、最終的には1964年7月の全線電化で、ブルートレイン牽引用にEF60型が東京〜下関間を一気に走破するようになったのだった。

その時期の山陽筋にいたC62は23輌を数える。つまり、北海道に渡ったC62 2をはじめとする7輌、同じく軸重軽減が行なわれ東北、常磐筋に使われていた19輌とで、つまりC62型49輌が全機健在だった時期である。

1957年時点での23輌は梅小路機関区に12輌、広島第二機関区に11輌という配置であった。

姫路電化が完成するとともに梅小路区の12輌は西下し、広島第二区に11輌、下関区に12輌が振り分けられた。梅小路区のものがそっくり下関区へ、というのではなく、若干の入替えもあった。それらはブルートレインの牽引機というだけでなく、山陽筋の晩年の記録という意味も含めて興味あるものだ。

1957年4月
・梅小路区：C62 4、16、17、18、25、26、29、31、
　　　　　　34、35、36、40
・広島第二区：C62 1、5、6、12、13、14、15、28、
　　　　　　　33、41、43

1958年4月
・広島第二区：C62 1、6、12、13、14、15、28、
　　　　　　　33、36、41、43
・下 関 区：C62 4、5、16、17、18、25、26、29、
　　　　　　31、34、35、40

この後、1958年8月14日特急「かもめ」牽引中に起きた踏切事故によって、C62 4が1960年1月に廃車になっている。

1962年5月（広島運転所に組織変更時）
・広島運転所：C62 1、6、12、13、14、15、28、33、36、41、43
・下 関 区：C62 5、16、17.18、25、26、26、29、31、35、40

この後、1964年7月に山陽本線は全線電化が完成。10輌が廃車になったほか一部は糸崎区に移って呉線で使用される。それも1970年までで一部は小樽築港に移動した。

すでに多くの部分で架線が張られていたとはいえ、C62が先頭に立つブルートレインの勇姿は、想像するだに素晴しい情景であったにちがいない。
　山陽、山陰の両本線が合流するポイントでは、毎朝のようにこんなシーンが繰り広げられていたのだ。夢に描きはするけれど、じっさいの姿を目の当たりにした先輩のようなリアリティがないのが悲しい。下の駅通過シーンでも興奮しただろうなあ。本当に佳き時代だった。

061

C59 と C61 と…
■ 九州のブルートレイン

　山陽本線の電化が完成してからも、九州内では蒸気機関車の活躍をしばらく見ることができた。熊本在住の永瀬先輩にとってはまさしくホームグラウンド、いくつもの貴重な記録を残しておられる。

　C62 は結局は九州に足を踏み入れることがなかったが、姉妹機というべき C61、それに C59 とその改造機 C60 がフルートレインの先頭に立った。1961 年 6 月、久留米電化が完成するまでは、門司で電気機関車から付け替えられた C59 が、「はやぶさ」だけは運用の都合か C61 がバトンを受け継いだ。

　久留米電化完成後は赤い電機が颯爽と登場し、門司〜博多間は ED73 が受け持った。のちにはブルートレイン専用の ED73 型 1000 番代がつくられるが、当初は ED73 だけでなく ED72 が就いたこともあった。また関門トンネルも当初は EF10 型だったが、1961 年以降、順次 EF30 型に置き換わる。

　博多から先、「みずほ」はそのまま博多〜熊本間も C59 が、「さくら」は博多〜長崎間を C60 が、「はやぶさ」は博多〜西鹿児島間を C61 がロングランした。日豊本線の「富士」は、登場時から門司〜大分間を DF50 が牽引し、C57 が活躍し、のちには C61 も移転してくる蒸気機関車の天国にようだった日豊路だが、けっきょく蒸気機関車の出る幕はなかった。

　「さくら」についていえば、別項 C11 の話題を別にすれば、C57 は牽引しなかったのか？ という疑問があった。先の「かもめ」や「さちかぜ」などは、C57 が牽いたが、残念ながらブルートレインになった時点で C60 牽引になってしまっていた。

● C59のこと、C60のこと

　迫力の点ではC62だけれど、機関車の美しさからいったらやはりC59だ、永瀬先輩もそういう。もちろんそれに異論はない。

　戦争を挟んでその前後につくられ、テンダーの形状をはじめとしてマイナーチェンジが施されたことから、戦前型（C59 1～100）、戦後型（C59 101～196、途中欠番あり）に分かれる。C62が登場するまでは最強最速の急客機として、本線筋の優等列車を一手に引き受けていた。

　折りからの戦争で思うように生産が進まず、また貨物用機関車を増強する必要から、計画通りにいかないまま欠番ができてしまった。戦前型100輌、戦後型73輌の計173輌がつくられた。

　C59型は本線用ということで軸重が重く、なかなか亜幹線などへの流用が利かなかったことから、従台車を二軸にして軸重軽減を図ったのがC60型、である。戦前型から39輌、戦後型から8輌が改造されて、東北本線や九州などで活躍した。番号は戦前型がC60 1～39、戦後型がC60 101～108と分けられた。

　1965年時点でのC59、C60型の九州内での配置は次のようになっていた。

・熊本区：C59 1、30、31、74、95、105、119、121、124、129
・鳥栖区：C60 23、24、25、26、27、29、31、38
・鹿児島区：C60 28、34、37、102、103、104、105、107

注目すべきはなんといっても、C59のトップナンバー機、であろう。いまでは「九州鉄道記念館」に保存展示されているが、1965年10月に廃車になるまでは熊本区にあって、「みずほ」などの牽引に当たっていた。

● C61 のこと

　C62 の姉妹機というべき C61、つまり戦後旅客用蒸気機関車の不足を補うため、D52 のボイラーを利用してつくられたのが C62、D51 のボイラーを利用して同様の改造でつくり出されたのが C61 である。いうなれば D52 と D51 の迫力の差がそのまま C62 と C61 のちがいになっている。

　それは好き嫌いに反影していたりするのだが、いまも保存運転などで身近かにあることも含め、人気のある機関車のひとつだ。

　全部で 33 輛がつくられ、東北、奥羽線などを中心に使用するため、多くは仙台区や青森区に配属されたが、そのうちの 6 輛は鳥栖区に配属になって、鹿児島本線で活躍していた。

　C59 などが西下してきたのに伴い、1950 年に 6 輛揃って鳥栖区から鹿児島区に移動し、変わることなく鹿児島本線で使用された。

　1965 年時点の配属は、
・鹿児島区：C6112、13、14、31、32、33
　ブルートレインは「はやぶさ」を博多から西鹿児島まで受持った。

　余談になるが、1971 年になって東北の C61 が大挙して宮崎区に移動し、C55、C57 と置換えになって、日豊本線でも活躍が見られた。貨物列車の先頭に立ったりもしたが、残念ながらブルートレインとは無縁であった。

● 九州内の機関車の変遷

　一時は蒸機牽引ブルートレイン最後の砦のような九州であったが、近代化の波はひたひたと押し寄せてきた。

　鹿児島本線に関しては
・1961 年 6 月　久留米電化
・1965 年 9 月　熊本電化　この時点で熊本以南も DD51 化
・1970 年 9 月　全線電化完成
　熊本電化時点で、熊本区の C59 型は引退。

　一方、日豊本線に関しては
・1967 年 9 月　幸崎電化
・1974 年 3 月　宮崎電化
　が完成するが、もとより「富士」、のちに 1968 年 10 月～の「彗星」ともに DF50 が受持った。

　長崎本線関係は、
・1976 年 6 月　長崎電化
　が完成。それ以前の 1965 年 10 月から DD51 が導入される。新設された「あかつき」は最初から DD51 だったが、面白いのは「さくら」だ。佐世保行が設定され、スウィッチバックになる早岐駅から佐世保駅間の 8.9km に、C11 が先頭に就いたのである。1968 年 10 月までつづいたから、最後の蒸機牽引ブルートレインということにもなる。

　電化後は ED76 が活躍したが、ブルートレイン引退後の 2022 年 9 月には西九州新幹線開業に伴い、肥前浜～長崎間は電化廃止された。

友人Mさんが「ツアー」に参加して撮影してきた写真。C11がブルートレインに就くと話題にはなったが、ヘッドマークはこの「ツアー」の時など数回だけだった、と。

友人故 笹本眞太郎君が熊本機関区で撮影したC59 1。「みずほ」のヘッドマークを着けて待機している姿。クラシカルな煉瓦庫が似合う、佳き時代のいちシーンだ。

余録

長崎→札幌 最後のブルートレインの旅

2008年春 長崎〜札幌
■ 最後の寝台特急で日本縦断

　個室には100Vのコンセントも用意されているという。鉄道模型の真鍮製キットを持ち込んで、ひと晩「あさかぜ」に揺られながら機関車の1輌でも組立てたら面白い… などという酔狂を大先輩が話していたが、それとて実感ないほどに遠い存在であった。

　残念ながら「あさかぜ」に揺られて、至福の一夜を、などという経験はない。いつも「別世界」、羨望のまなざしで見送っていただけ、だ。九州での写真撮影行の折りも朝着けて便利なブルートレインだが、財布の都合で急行にしたり、時間短縮で新幹線と併用したり、そのうち、クルマを使うようになって、結局、東京発ブルートレインは経験しないままに終わってしまった。

　それが、である。どうした因果か、寝台特急の最晩年になって、急に乗車の機会が訪れるから不思議だ。それもいち度ならず。そうだ、TVのニューズ番組の特集として、ひと晩ひとり語りしながら収録されたこともあった。それよりも、書き留めておきたい旅がある。長崎から札幌まで、2500kmを三泊3日、つまり3本のブルートレイン、寝台列車を乗り継いだ旅。「3本のブルートレイン」と書いたけれど、括りが難しい。最後は「カシオペア」だったから、ブルートレインではないという突っ込みがありそうだし、寝台特急と書いたら、1本は急行じゃないか、といわれそうだし…

2008年3月8日

19：47　長崎
　│「あかつき」
21：47〜22：07　鳥栖
　│「なは」と併結
9日　↓
07：53　京都

22：22　大阪
　│急行「銀河」
10日　↓
06：42　東京

16：20　上野
　│「カシオペア」
11日　↓
09：21　札幌

20系ブルートレイン全盛からは40年ののちの話だ。友人で編集者のT君とふたり、一冊のムックのためにあれこれ企画をし、実行したのだが、結果はとんでもないことになった。それは…

　2008年3月12日、その日の昼過ぎには空路長崎に降り立った。目敏いひとは早くも気付いてるかもしれないが、その日はダイヤ改正の前日、であった。長崎発京都行のブルートレイン「あかつき」はきょう明日限り。そう、そういう特別の日だったのである。

● 最終日前日の「あかつき」

　いや、知らなかったわけではないけれど、駅の盛り上がりは想像を遥かに超えていた。「あと2日」と描かれた大きな記念写真用のボードにはじまり、ホームは「さよなら『あかつき』」のペナントが飾り付けられ、多くのファンで賑わっている。「さよなら あかつき弁当」まで用意され、ポスターはあるものの、当の弁当は早々に売切れてしまっているとは…

　そう最終日前の「あかつき」の姿は、それにしても「ブルートレイン」も様変わりしたものだ、という感想に尽きる。編成表を見ても、いずれも改造車で、1号車のオハ14はもと481系電車という「レガートシート」、3輌目のオハネ14-350番代は「ソロ」、つづくオハネ14-300番代は「ツイン/シングルツイン」、オロネはシャワーの設備もある「シングルDX」の個室で… などと聞いてもピンとは来ない。

長崎駅は「さよなら あかつき」で賑わっていた。ホームに入線した列車のヘッドマークは「なは・あかつき」。その最後尾はもと電車のオハ14。

鳥栖駅で熊本からやってきた「なは」を併結するが、それは24系25型で、電源車カニ25が最後尾に連結されている。下関からはEF6647の牽引だ。

長崎〜札幌　寝台乗継ぎ 2500km　2008.03

「あかつき・なは」
長崎発
32レ

オハ ネフ 14	スハ ネフ 15	オハ ネ 15	オロ ネ 14	スハ ネフ 14	スハ ネフ 15	オハ ネフ 25	スハ ネ 25	オハ ネ 25	オハ ネフ 25	カニ 24
302	12	315	301	303	14	2108	2131	136	109	17

京都〜長崎間「あかつき」　京都〜熊本間「なは」

急行「銀河」
大阪発
102レ

オハ ネフ 25	オハ ネ 25	オハ ネ 25	オハ ネ 25	オハ ネ 25	オハ ネ 25	オロ ネ 25	カニ 24
132	167	130	250	131	196	158	133	102	11

大阪〜東京間「銀河」

「カシオペア」
上野発
8009レ

スロ ネフ E26	スロ ネ E26	マシ E26	スロ ネ E27	スロ ネ E27	スロ ネ E27	スロ ネ E27	スロ ネ E27	スロ ネ E27	カハ フ E26
1	1	1	101	402	302	202	401	301	201	1

上野〜札幌間「カシオペア」

長崎発の「あかつき」は14系の6輛編成であったが、そのうちA寝台（かつての一等寝台）を含む3輛は個室寝台になっているし、1輛は女性専用部分を持つ座席車、車輛断面はちがうし、色もブルーではない派手な塗り分けだし、外見上は編成美とはほど遠い、つぎはぎ列車だったのは事実だ。

モーシワケナイ、われわれは寝台車というとカーテン一枚で仕切られた開放室が普通で、それこそ「あさかぜ」の個室などは特別の存在であった。それが、世の中の趨勢というものか、いまやB寝台（かつての二等寝台、ナハネ、である）でも、一人用二人用、いくつものタイプの個室が用意されている。従来からお馴染みの開放室寝台は2輛のみ。それも二段寝台になっていた。

とんでもない喧噪のなか、「あかつき」はED7670に牽かれて走り出した。とても寝ている場合じゃない、という雰囲気が列車全体に漂っている。

歩き回って車輛番号をメモするひと、通路を歩きながら動画を回しっぱなしのひと、車内スピーカーにマイクを近づけて録音するひと…

「発車致しました本列車『あかつき』号は明後日のダイヤ改正で廃止となります」

とのアナウンス。それと知らずに乗り合わせた乗客も、ここでなるほどと気付いたはずだ。それにしても鉄道好きのテンションの高さといったら。われわれが寝ずに頑張っているのは取材という目的があるからだが、趣味のパワーというのは恐ろしいものだ。

その盛り上がりは長崎を出て2時間（鳥栖21時47分着）ほどで最高潮に達した。鳥栖駅で熊本からやってくる「なは」と併結するのだ。いちど長崎線の3番ホームに到着した「あかつき」は1番ホームに転線、「なは」と連結される。

「なは」は最後尾に電源車、カニ24を連結した24系25型モノクラス寝台車の5輌編成だ。ともに20系ブルートレインの後継とはいえ、分散電源方式を採用した14系と電源車連結の集中電源方式の24系が混結する。製造当初の方針とはちがってきていることが、末期には行なわれていたのだ。

毎日繰り広げられていた光景だろうに、最終日を前にして、まあすごい賑わい。その喧騒は機関車付け替えの行なわれる門司でも下関でも繰り返されるのだった。

ようやく浅い眠りに就けたのはどの辺りだったろうか。気付けば、右側の車窓、朝焼けのなかに瀬戸内海が望める、というような場面であった。EF6647に牽かれて、大阪駅でも終着京都駅でも、数多くのファンに迎えられ、旅の第一幕は終焉を迎えた。

京都では「梅小路蒸気機関車間（現京都鉄道博物館）」、いくつかの保存車輌が展示されている「大宮交通公園」、大阪に移動して「大阪交通科学館（現在は閉館し京都鉄道博物館に吸収）」など鉄道好きだったら時間はいくらでも費やせる。

そして日が暮れる頃、向かったのは大阪駅。第二幕はブルートレイン末期のもうひとつの話題、というべき急行「銀河」だ。3月13日発、つまりはこの日が最終日の「銀河」である。もう前日の「あかつき」で経験していたとはいえ、ホームはひとで溢れ返っている間を列車に乗り込むや、すぐさま走り出した、という風であった。

大阪22時22分発、そのわずか5分ほど前に入線してきたのは、最終日の混乱を予想して、だったのだろうか。なにしろ連日TVはじめ、多くのメディアが伝統の名列車「銀河」が廃止されることを報じてきた。

鉄道はもう新幹線と通勤電車があればそれでよし、というような風潮が進み、ローカル線が消えゆく一方で、ブルートレイン、夜行列車もまたどんどん姿を消していっていた。

そんなひとつの象徴が「銀河」だったのだ。

● 東海道を急行「銀河」で上る

24系25型ブルートレイン10輌編成の「銀河」は、急行であるということを除けば、いろいろな車種が混結された「なは・あかつき」に較べ、かつてのブルートレインの面影をしっかり残していた。すべてが開放室寝台であるのも貴重だった。そうだ、食堂車が姿を消しつつあったのも「時代」であった。

急行「銀河」は1949年9月に走りはじめた歴史的列車で、1986年2月から20系ブルートレイン12連となり、さらに14系、25系と変遷してきた。

それも終わってしまう。東京駅を発着する唯一の急行列車にもなっていた「銀河」の廃止は、なにか時代の区切りのようでもあった。

大阪から東京まで、メインストリートの東海道は急行「銀河」。24系25型の10
輛編成は、急行とはいえよほどブルートレインらしい。EF651100の牽引だった。

最終コースは「カシオペア」で、特別な一夜を過ごすことになった。どこでも注
目が集まり、人気のようすが解る。最初の牽引機EF8179に牽かれて上野駅発車。

　例によって「鉄」の熱が少し冷めるのを待って、ようやく懐かしい寝台に横になったのは米原を過ぎた辺りだろうか。寝台車というのは、心地よい揺れとジョイントを刻む音とですぐに眠れてしまう。寝台列車が皆無に近くなったいま、こうした列車が走っていて欲しい、つくづく感じることだ。

　いつもは寝坊助な癖に、列車寝台で迎える朝は早く、また気持ちがいいのだ。ひょっとしたら写真が撮れるかもしれない、と期待して起きた根府川の辺りはまだ漆黒の闇のなか。都会の目覚めに合わせるかのように、神奈川から東京に入ってゆく。途中、踏切内で撮影しようとした不届きもののために非常制動が掛かる、というハプニングもあったが、大過なく、通勤電車が行き交う東京駅9番ホームにブルートレインは蒼い車体を滑り込ませた。ここでも数え切れない多くのひとに迎えられ、EF651100の牽く「銀河」は旅を終えたのであった。

● 最後は「カシオペア」で
　さて第三幕として用意されたのは「カシオペア」であった。オール個室「ロネ」の豪華列車。いち時はそれこそチケット入手に苦労する、という人気列車だった。
　観光という新しいジャンルの豪華列車で、当初の「あさかぜ」の豪華さとは方向がちがうものだ。新調された未来的スタイルの12輛編成の車体は銀色に輝く。1999年7月から2016年3月まで上野〜札幌間を定期運行し終えてからは、いちおうツアー対応列車という形で残されてはいる。

この前後に同じ区間を走るブルートレイン「北斗星」で往復する仕事を頂戴し、寝台車で行っては、着いた日の昼には飛行機でトンボ帰りなどということをなん度か経験している。なぜかいつも女性タレントが同行、いつも彼女らは個室が用意され、イノウエは昔ながらの開放寝台が寝台車らしいですよねえ、とそちらのレポート、というのが役目であった。

　「カシオペア」はまちがいなく個室、それも「ロネ」である。気分はいきなり「非日常」になる。できることなら、往きに「カシオペア」で旅に出る、それはそのまま特別の旅気分になるのに、などと密かに願ったものだが、こん回は最終コースが「カシオペア」だ。

　それにしても、きょうが最終日でもなんでもないというのに、この人垣。「カシオペア」はいつも注目のなかの存在であった。興味本意で数えてみたら、牽引機EF8179の脇にざっと20人、ホームの端には30人はいるだろうか。彼らのストロボの光のなか、「カシオペア」は走り出した。もちろん、先頭車のラウンジで寛ぐ。

　ご存知のように「カシオペア」には、豪華なコース料理が楽しめるマシE26食堂車が連結されている。それとは別に「カシオペア弁当」も予約すれば個室内で食べることができた。車窓を楽しみながら、上等至極の風呂敷包み三段重ねの「駅弁」はまたとない贅沢であった。

　眠るのが惜しい、心地よい寝台で眠りたい。そのふたつの気持ちとがせめぐが、結局はいつの間にか夢のなか。目が醒めたのは青森駅の機関車付替えの時、であった。青函トンネル区間はED79が受持ち、スウィッチバックしてカハフが最後尾になる。流れゆくトンネル内の灯りをカメラに収めつつ、いよいよ北海道に渡る。

　津軽線内でもいくつものトンネルがあり、その度に「青函トンネル」か？と目を凝らすが、トンネルに入った途端、むっと湿気が漂い、窓ガラスも曇る。それが「青函トンネル」であった。

　函館駅でふたたびスウィッチバック、DD51の重連に牽かれて函館、室蘭本線経由で札幌着9時21分。

　考えてみれば3日前、長崎を出る時は春の気配すら感じていたのに、最終コースの北国は線路脇に白いものが残って冬に舞い戻った感がある。もっともそれは旅人だからいえることで、北海道は長い冬の終わりの頃だった。

　2015年3月に定期「北斗星」廃止、それがブルートレイン、夜行寝台客車特急の最後の姿であった。

「カシオペア」最終区間はDD51の重連。カハフ25のラウンジは。まさしく特別の空間だ。

あとがきに代えて

　旧型客車が好きである。本文でも少し書いたけれど、いろいろな型式の客車が編成を組んで走る、その不統一感が客車列車の魅力の最大のものだったかもしれない。特に、旧い時代の客車が優等車として組込まれていると、一種威厳のようなものが漂っていて、それこそ近寄りがたい「オーラ」に包まれているのを感じたものだ。

　もとは三等級時代の一等寝台車だったような車輌を含み、二等寝台車、二等座席車、食堂車などを連ねた夜行列車は、模型でも一番つくりたいと思っている列車のひとつだった。機関車の次位には荷物車や郵便車も忘れずに連結して…

　それからすると「ブルートレイン」は編成美の極み。旧型客車の上等車を表わす色帯もなく、どれが「ロネ」だか区別もつかない。それでも、憧れの存在だったのは、ひとつ「客車列車」というのとは、別の場所にあったからかもしれない。

　そう考えたら、151系「特急電車」、81系82系「特急気動車」につづいて、本書をまとめた気持ちはそんなに特別なものではなかった気がする。

　20系ブルートレイン華やかなりしころは、いってしまえば憧れの別世界の列車という存在でしかなかった。東京駅のホームで停車中のブルートレインにカメラを向けるのが精一杯、それこそ近くに寄ることも、乗り込んで室内の写真を撮るのも別格の勇気が必要、ついぞブルートレインの室内は観察することなしに終った。

　おかしいもので、たとえば151系の「パーラーカー」や食堂車などは子供の特権のようにして見に行ったのに、ブルートレインは近寄れない。それは、寝台列車、夜行列車という特別な思いがあったからかもしれない。

　　　　＊　　　　　＊　　　　　＊

　先の模型話のつづきからすると、「ブルートレイン」は編成でつくらねば話にならない。それもそこそこの長編成に仕立てる必要がある。それこそ151系電車が4輌編成ではサマにならないのと同じだ。それでもブルートレインの場合は好きな機関車に牽かせられる、という楽しみがある。非電化区間には蒸気機関車でもディーゼル機関車でも、お気に入りを自由自在。

　寝台特急だからひと晩を寝ている間に目的地に到着する。つまりはそこそこの長距離でなくては成り立たない。東京〜九州間で、航空機に対抗できた、というのもその利便性と時間の使い方、にあったにちがいない。

　それは充分承知の上での夢物語。かつての「八ヶ岳高原」号ではないが、中央本線を走って小淵沢切離しでC56が牽いて小海まで行く、などというのはいかがだろう。

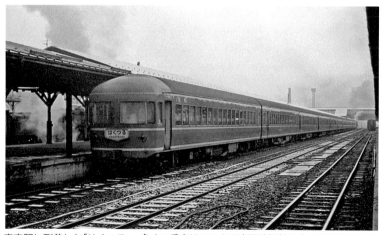

青森駅に到着した「はくつる」。多くの乗客はこのまま青函連絡船経由で北海道に行く。

左は山陰線浜田駅で「出雲」の入換え作業中のC56。このまま切離して三江北線に乗入れたら面白いのに、とふと思ったりした。右はともにナハフ20 1だが、事故復旧に際して車掌室の窓周りが変化している。

　「さくら」の先頭にC11が就いたなんていうのだから、まあ、満更でもない… というのも、山陰本線 浜田の構内で「出雲」の回送入換をC56がやっていた時に、ふと思い付いたのだ。このまま3輌編成でいいから三江北線に乗入れて… 新たな観光地行の列車になったら、などと。
　控車なのか、連結されていたマニ32はそのまま簡易電源車に仕立てて。のちのち、ヨ改造の電源車を就けてDEに牽かれて豊肥本線を電車が走ったこともあったではないか。
　　　　　＊　　　　＊　　　　＊
　モーシワケナイことに、実際に当時の20系ブルートレインを体験したことの乏しいイノウエは、模型だったり夢ののりもの、といった印象が強いようだ。
　乗り込んでしまえば、よくできた近代的な寝台車、というもので、その編成美はやはり乗るよりも外から観察するがいいようだ。なんといっても、常磐線、C62がオレンジ色のヘッドマークを輝かせて走り去っていった「ゆうづる」が忘れられない。函館本殿の「ていね」「ニセコ」もそうだったが、蒸気機関車とは思えない速度で、文字通り駆け抜けて行った。

　そのシーンが忘れられないどころか、行ってしまった「ゆうづる」の後姿を見送りながら、なにかが終わってしまった強烈な虚無感に襲われたのをはっきりと憶えている。
　「ゆうづる」は行ってしまったけれど、そこから蒸気機関車を追い掛け、消えゆくローカル線、小私鉄、専用鉄道などを巡る、駆け足の「若き日々」がはじまった、ともいえる。「ゆうづる」から蒸気機関車全廃までの10年間はまさしく怒濤のように過ぎていった、といま思い返して改めて感じ入ったりする。
　それから半世紀の時間を経て、ようやく本書をまとめることができた。感慨も一入、と思う次第だ。

　　　　　　　　　　　2025年春に
　　　　　　　　　　　　　いのうえ・こーいち

いのうえ・こーいち　著作制作図書

- ●『世界の狭軌鉄道』いまも見られる蒸気機関車　全6巻　2018〜2019年　メディアパル
  1. ダージリン：インドの「世界遺産」の鉄道、いまも蒸気機関車の走る鉄道として有名。
  2. ウェールズ：もと南アフリカのガーラットが走る魅力の鉄道。フェスティニオク鉄道も収録。
  3. パフィング・ビリイ：オーストラリアの人気鉄道。アメリカン・スタイルのタンク機が活躍。
  4. 成田と丸瀬布：いまも残る保存鉄道をはじめ日本の軽便鉄道、蒸気機関車の終焉の記録。
  5. モーリイ鉄道：現存するドイツ11の蒸機鉄道をくまなく紹介。600mmのコッペルが素敵。
  6. ロムニイ、ハイス＆ダイムチャーチ鉄道：英国を走る人気の381mm軌間の蒸機鉄道。
- ●『C56 Mogul』C56の活躍した各路線の記録、また日本に残ったうちの40輌の写真など全記録。
- ●『小海線のC56』高原のローカル線として人気だった小海線のC56をあますところなく紹介。
- ●『井笠鉄道』岡山県にあった軽便鉄道の記録。最期の日のコッペル蒸機の貴重なシーンも。
- ●『頸城鉄道』独特の車輌群で知られる新潟県の軽便鉄道。のちに2号蒸機が復活した姿も訪ねる。
- ●『下津井電鉄』ガソリンカー改造電車が走っていた電化軽便の全貌。瀬戸大橋のむかしのルート。
- ●『尾小屋鉄道』最後まで残っていた非電化軽便の記録。蒸気機関車5号機の特別運転も収録する。
- ●『糸魚川＋基隆』鉄道好きの楽園と称された糸魚川東洋活性白土専用線と台湾基隆の2'蒸機の活躍。
- ●『草軽電鉄＋栃尾電鉄』永遠の憧れの軽便、草軽と車輌の面白さで人気だった栃尾の懐かしい記録。
- ●『日本硫黄 沼尻鉄道』鉱石運搬につくられた軽便鉄道の晩年を先輩、梅村正明写真で再現する。
- ● 季刊『自動車趣味人』3、6、9、12月に刊行する自動車好きのための季刊誌。肩の凝らない内容。

著者プロフィール
　いのうえ・こーいち　（Koichi-INOUYE）

岡山県生まれ、東京育ち。幼少の頃よりのりものに大きな興味を持ち、鉄道は趣味として楽しみつつ、クルマ雑誌、書籍の制作を中心に執筆活動、撮影活動をつづける。近年は鉄道関係の著作も多く、月刊「鉄道模型趣味」誌に連載中。主な著作に「C62 2 final」、「D51 Mikado」、「世界の狭軌鉄道」全6巻、「図説電気機関車全史」（以上メディアパル）、「図説蒸気機関車全史」（JTBパブリッシング）、「名車を生む力」（二玄社）、「ぼくの好きな時代、ぼくの好きなクルマたち」「C62／団塊の蒸気機関車」（エイ出版）、「フェラーリ、macchina della quadro」（ソニー・マガジンズ）など多数。また、週刊「C62をつくる」「D51をつくる」（デアゴスティーニ）の制作、「世界の名車」、「ハーレーダビッドソン完全大図鑑」（講談社）の翻訳も手がける。季刊「自動車趣味人」主宰。株）いのうえ事務所、日本写真家協会会員。

連絡先：mail@tt-9.com

20系固定編成客車　ブルートレイン　鉄道趣味人18「寝台特急」

発行日	2025年4月15日　初版第1刷発行
著者兼発行人	いのうえ・こーいち
発行所	株式会社こー企画／いのうえ事務所　〒158-0098　東京都世田谷区上用賀3-18-16　PHONE 03-3420-0513　FAX 03-3420-0667
発売所	株式会社メディアパル（共同出版者・流通責任者）　〒162-8710　東京都新宿区東五軒町6-24　PHONE 03-5261-1171　FAX 03-3235-4645
印刷 製本	株式会社JOETSUデジタルコミュニケーションズ

© Koichi-Inouye 2025

ISBN 978-4-8021-3511-5　C0065
2025 Printed in Japan

◎定価はカヴァに表示してあります。造本には充分注意しておりますが、万が一、落丁・乱丁などの不備がございましたら、お手数ですが、発行元までお送りください。送料は弊社負担でお取替えいたします。

◎本書の無断複写（コピー）は、著作権法上での例外を除き禁じられております。また代行業者に依頼してスキャンやデジタル化を行なうことは、たとえ個人や家庭内での利用を目的とする場合でも著作権法違反です。

著者近影　　撮影：イノウエアキコ